MANTENER O INVERTIR EL DINERO? YA NO ES UN DILEMA!!!

Como ser más competitivo y no morir en el intento

ALEXANDER FERNANDEZ, MBA

DEDICATORIA

Para todas las personas que siempre buscan y no descansan.

CONTENIDO

AGRADECIMIENTOS

Gracias a mi familia y amigos por su apoyo constante
Gracias a Dios por que siempre estas allí.

INTRODUCCIÓN

El mundo se mueve en un ambiente dinámico en el que un individuo le es difícil tomar decisiones por la falta de información y entendimiento de los eventos a su alrededor, existiendo mucha incertidumbre en el entorno que rodea a las compañías, esta incertidumbre afecta el manejo del dinero ya que este es el resultado final de las decisiones tomadas, como se sabe existen empresas que quiebran por falta de dinero, una empresa puede tener un buen estado financiero pero no necesariamente una caja saludable, sería entonces una decisión correcta mantener efectivo o simplemente tener lo que se necesita, pero ¿qué se necesita realmente?, pues este libro intenta demostrar si hacer y mantener caja es conveniente a diferencia de mantener un mínimo de caja después de inversiones que cubra las necesidades de la empresa considerando las variantes que afectan la liquidez, el costo de capital, etc. Para esto se discutirá las posiciones de diferentes autores y concluiremos con la respuesta a este dilema.

PRÓLOGO

Los asesores siempre somos preguntados por gerencia o los dueños de las empresas si debemos mantener el dinero en la caja o si debemos invertirlo, muchos gerentes financieros recomiendan no tener mucha caja ya que significa que el efectivo esta trabajando y esta generando un retorno para la empresa, pero generalmente al decir esto no se ha considerado la incertidumbre del entorno.

En una época antes de cristo Heráclito dijo que lo único constante es el cambio, si esto se dijo hace miles de años, se debe con mucha más razón tener más consideración de la incertidumbre y tenerla siempre presente en nuestras estrategias de negocios.

CONCEPTOS BÁSICOS

Primero definiremos los tipos de incertidumbre, para Milliken (como se cita en Ashill & Jobber, 2014) distinguió tres tipos de incertidumbre, de: (a) estado, (b) efecto, y (c) respuesta y mencionó:

State uncertainty describes a situation where managers do not feel confident that they understand what the major events or trends in an environment are, or feel unable to accurately assign probabilities to the likelihood that those particular events or changes will occur... Effect uncertainty reflects a lack of understanding of how the future state of the environment may affect the organization, that is, a lack of understanding of cause–effect relationships. Response uncertainty is experienced when managers do not know the range of strategic responses open to them and/or are unable to evaluate their relative utility. (p.269)

Traducción:

Un estado de incertidumbre describe una situación en la que los gerentes no se sienten seguros de que comprenden cuáles son los eventos o tendencias principales en un entorno, o se sienten incapaces de asignar con precisión las probabilidades de que ocurran esos eventos o cambios particulares ... La incertidumbre del efecto refleja una falta de comprensión de cómo el estado futuro del medio ambiente puede afectar a la organización, es decir, una falta de comprensión de las relaciones causa-efecto. La incertidumbre en la respuesta se experimenta cuando los gerentes no conocen el rango de respuestas estratégicas que tienen abiertas y / o no pueden evaluar su utilidad relativa. (p.269)

La utilidad y el flujo de caja generalmente no van de la mano, muchos gerentes y dueños se preguntan por qué si tengo utilidades no tengo dinero, en ciertos casos hay empresas donde hay un incremento de utilidades pero tienen un flujo de caja negativo, esto es debido a que en empresas en crecimiento comienzan a invertir para vender más y empiezan a financiarse ya que los beneficios resultan insuficientes para los costos de estos proyectos. También existe lo contrario donde los resultados son menores al flujo de caja que son más recurrentes en empresas en etapas maduras donde hay enajenación de inversiones.

Con respecto al costo de mantener el dinero se refiere al costo de oportunidad que es definido como el sacrificio máximo que uno realiza, por ejemplo un trabajador esta sacrificando el tiempo de pasar con su familia o amigos por estar en una empresa realizando sus funciones. En este caso si mantenemos efectivo en caja estamos sacrificando una tasa de interés que estaríamos cobrando por haber prestado ese dinero o por haberlo invertido en algún proyecto o título negociable, en otras palabras el dinero no esta trabajando.

FUNDAMENTOS TEÓRICOS

Generalmente las empresas son asesoradas para administrar el efectivo recomendando mantener el nivel más bajo de dinero sin afectar la operatividad de la empresa, en otras palabras cobra pronto y paga tarde, y si existe excedentes de caja se invierten en algún producto bancario o título negociable en corto plazo o pagarse a los dueños o accionistas.

Sólo como dato cuando ocurrió la recesión del 2008 debido a la burbuja inmobiliaria, Ford tenía un saldo de efectivo y equivalentes de efectivo de 24,900 millones de dólares, Microsoft 21,000 millones de dólares y General Electric 60,000 millones dichas firmas tenían fuertes cantidades de efectivo y equivalentes de efectivo debido a su manejo (Ross, Westerfield & Jaffe, 2012).

De acuerdo con Keynes (como se cita en Ross, Westerfield & Jaffe, 2012) en su obra clásica *Teoría general del empleo, el interés y el dinero*, existen tres motivos para mantener la liquidez: el motivo especulativo, el motivo precautorio y el motivo de transacción. El motivo especulativo es la necesidad de contar con efectivo para aprovechar gangas, tasas de interés atractivas o fluctuaciones de tasas de cambio favorables. El motivo precautorio es la necesidad de contar con una provisión de seguridad que actúe como reserva financiera. El motivo de transacción es la necesidad de contar con efectivo para los gastos recurrentes como son los gastos operativos pagar sueldos y planillas, deudas comerciales, impuestos y dividendos.

En los tipos de incertidumbre mencionados por Milliken anteriormente ((a) estado, (b) efecto, y (c) respuesta) tienen sus efectos en la toma de decisiones del manejo de caja de las empresas y como consecuencia necesitan instrumentos para tomar decisiones dentro de un ambiente de incertidumbre, sin embargo en estos tiempos existe tanta incertidumbre, que el decisor no podría asignar probabilidades exactas. Como consecuencia, se usan herramientas que pueden no aplicarse correctamente, en el caso del modelo *Capital Asset Pricing Model* [CAPM] en las economías emergentes es utilizado para toma de decisiones importantes con la finalidad de saber el valor de una empresa así como la viabilidad de un proyecto tomando en consideración de cuánto es lo mínimo que el accionista debería pedir por su inversión o si la empresa está generando valor agregado así como otros usos, sin embargo este modelo esta basado en condiciones a priori o esperadas, a pesar de que se tiene tan sólo datos retrospectivos o pasados. Los betas utilizados en el modelo CAPM muestran la volatilidad de una acción en el pasado, sin embargo las condiciones podrían cambiar. La volatilidad futura de las acciones, que es lo que en realidad interesa a los inversionistas, podría diferir de manera radical de su volatilidad pasada (Besley & Brigham, 2013).

Las características de incertidumbre más resaltantes de los países emergentes son:

- la volatilidad de la moneda,
- riesgo país,

- medidas no confiables del mercado debido a la falta de liquidez,

- diferencias contables y falta de información,

- falta de gobierno corporativo, y

- riesgo discontinuo que aparte de la volatilidad hay riesgos mínimos pero con efectos catastróficos como la expropiación o el terrorismo.

Existen otros problemas propios del analista cuando se trata de valuar empresas en estos mercados como son:

- disparidad cambiaria,

- no contar o considerar doble o triple riesgo país,

- parámetros de riesgo tanto para el capital como para la deuda,

- incorporación de efectos no considerando donde se realizan las operaciones,

- ignorar información faltante,

- cambios en gobierno corporativo, y

- no considerar descuentos post valuación (Damodaran, 2009).

Cabe resaltar que en mercados emergentes no se puede usar para el cálculo de la prima de riesgo de mercado los retornos históricos de sus propios mercados de valores debido a su alta volatilidad de estos (Bravo, 2008). Todo este marco de incertidumbre y la falta de confiabilidad en el modelo CAPM debido a que usa una beta histórica y a la volatilidad en países emergentes obliga a usar más herramientas como análisis de sensibilidad u otras como aproximaciones.

Según los estudios de Duchin (2015) mencionó:

CASH HOLDINGS OF U.S. companies are enormous and growing over time. As of fiscal year 2006, nonfinancial and nonutility firms in the Compustat universe reported aggregate cash holdings of over 1.7 trillion dollars, representing 9.2% of the total market value of these firms' equity. The growth in cash holdings is equally impressive... listed U.S. industrial firms' average ratio of cash to assets increased from 10.5% in 1980 to 23.2% in 2006... While the dramatic increase in cash holdings is receiving growing attention, another noteworthy pattern is not widely recognized: The average cash holdings of stand-alone firms are almost double the cash holdings of diversified firms. From 1990 to 2006, diversified firms held on average 11.9% of their assets in cash, whereas stand-alone firms held more than 20.9% of their assets. (p. 955)

Traducción:

Los fondos en efectivo de las empresas estadounidenses son enormes y crecen con el tiempo. A partir del año fiscal 2006, las empresas no financieras y no utilitarias en el universo de Compustat reportaron tenencias de efectivo agregadas de más de 1.7 billones de dólares, lo que representa el 9.2% del valor total de mercado del capital de estas empresas. El crecimiento en las tenencias de efectivo es igualmente impresionante ... la relación promedio de efectivo a activos de las empresas industriales estadounidenses cotizadas aumentó de 10.5% en 1980 a 23.2% en 2006 ... Si bien el aumento dramático en las tenencias de efectivo está recibiendo una atención creciente, otro patrón notable no es ampliamente reconocido: las tenencias de efectivo promedio de las empresas especializadas son casi el doble de las tenencias de efectivo de las empresas diversificadas. De 1990 a 2006, las empresas diversificadas poseían en promedio el 11,9% de sus activos en efectivo, mientras que las empresas especializadas tenían más del 20,9% de sus activos. (pág. 955)

Según estas estadísticas se ha visto un gran incremento en empresas que mantienen caja, sin embargo entre estas empresas se encuentran empresas especializadas en una sola actividad y otras diversificadas, como vemos en la Figura 1 el efectivo que mantienen las empresas especializadas es el doble de las diversificadas ya que usan el efectivo para diferentes proyectos, reduciendo y distribuyendo el riesgo de tener un solo proyecto.

Duchin (2015) sugirió en sus conclusiones que las empresas diversificadas reducen su caja a niveles óptimos afectando positivamente el valor de estas empresas porque ahorran en los costos de mantener efectivo e inducen a que sus gerentes se manejen óptimamente.

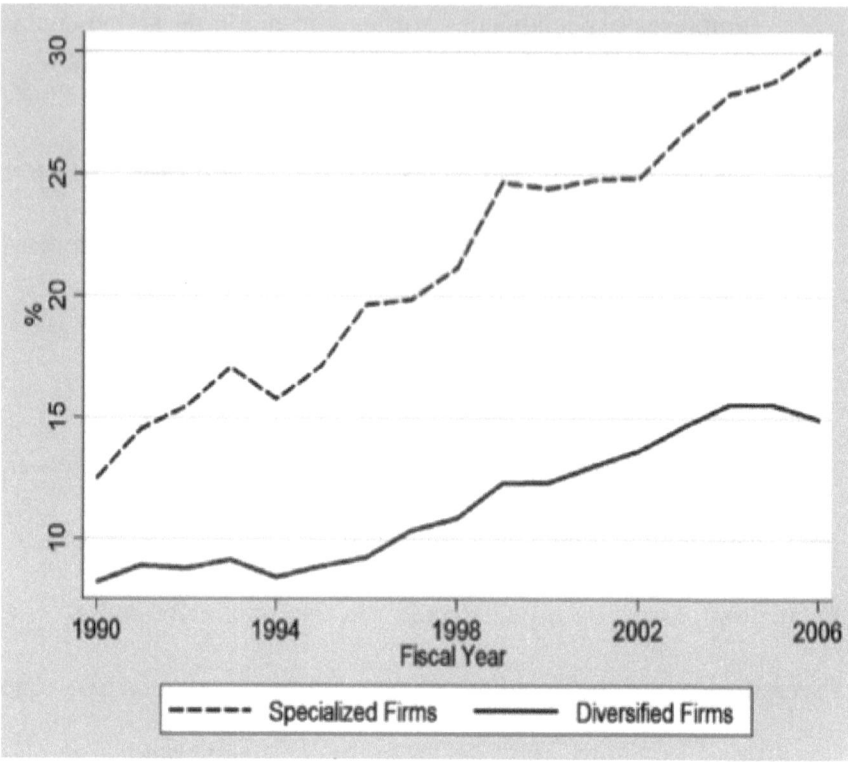

Figura 1. Promedio anual de saldos de efectivo (%) de empresas especializadas y diversificadas

Nota. De The Journal of Finance Vol. LXV, N° 3, June 2010

De acuerdo con la teoría de Keynes (como se cita en Duchin, 2015) las empresas mantienen efectivo para protegerse de impactos de flujos de caja adversos que podrían forzarlos a abandonar buenas oportunidades de inversión debido a lo costoso de financiarse externamente. Según Herrera (s.f.) se debe evitar saldos de caja en exceso ya que generalmente no son rentabilizados de manera adecuada y que difícilmente llega a igualar el costo de capital de la empresa. Complementando, Herrera (2014) mencionó que el costo de mantener los saldos ociosos en cuenta es perjudicial para la empresa pues como mínimo la empresa debe esperar una rentabilidad superior a su costo promedio ponderado de capital y que el tesorero busque soluciones innovadoras de sus proveedores financieros que le permitan gestionar sus excedentes de liquidez.

Edwards (2014) nos mencionó lo importante de tener dinero en caja y lo rápido que una empresa puede pasar a la quiebra, él concluyó:

It has been said that "revenue is vanity, cash flow is sanity." Making sure your company has enough cash to keep evolving, growing, and moving forward is very important… Of course, if your company is highly profitable and spitting cash (like Apple), then this whole issue is not as important. But companies can go from profits to losses very quickly because of a bad economy or a product-cycle transition or some other bad fortune. When that happens, burn rate can become important. So having a sense of cash movements is always a good idea. (p. 9)

Traducción:

Se ha dicho que "los ingresos son vanidad, el flujo de caja es sanidad". Es muy importante asegurarse de que su empresa tenga suficiente efectivo para seguir evolucionando, creciendo y avanzando ... Por supuesto, si su empresa es altamente rentable y está escupiendo efectivo (como Apple), entonces todo este problema no es tan importante. Pero las empresas pueden pasar de ganancias a pérdidas muy rápidamente debido a una mala economía o una transición del ciclo del producto o alguna otra mala fortuna. Cuando eso sucede, la velocidad a la cual la compañía gasta el dinero puede ser importante. Por lo tanto, tener una idea de los movimientos de efectivo siempre es una buena idea. (pág. 9)

Según los estudios de Chittenden y Derregia (2015) concluyeron que en la evaluación de la incertidumbre, las empresas comúnmente recurren a análisis de escenarios, ya sea solo o junto con análisis de sensibilidad, con una minoría de empresas que utilizan árboles de decisión. Además se mencionó que las empresas identifican: (a) la incertidumbre en la demanda, (b) la falta de financiación interna, e (c) incertidumbre en las tasas de interés como importantes en el retraso de las decisiones de inversión. Sin embargo, el número de empresas que utilizan estas técnicas a evaluar la incertidumbre supera el número de empresas que utilizan técnicas presupuestarias de capital simple. Se mencionó también, que existe una disminución observada en los gastos de capital en las empresas en tiempos de incertidumbre económica.

En su estudio Bloom (2014) concluyó que la incertidumbre tiende a elevarse abruptamente en épocas de recesión en niveles macro y micro amplificando la recesión y reduciendo el crecimiento, también varía fuertemente a través de los países, teniendo los países en vías de desarrollo un tercio más incertidumbre que los países desarrollados. Regiones como África y Sudamérica tienden a tener las tasas de producto bruto interno, mercado de acciones y tasas de cambio más volátiles. Adicionalmente, mucha incertidumbre hace que se reduzca las decisiones de las empresas por contratar e invertir, así como los consumidores por gastar.

De acuerdo a Hsu, Huang y Lai (2015) dieron a comprender que una junta directiva independiente o un comité de financistas permitirían a los gerentes mantener excesos de caja para evitar problemas de falta de inversión debido a falta de efectivo. Sus estudios también respaldaron el argumento que una vez que las oportunidades de crecimiento son anticipadas, una junta directiva independiente o un comité de financistas escogerían mantener excesos de caja para evitar altos costos de financiamiento externo.

En la investigación de Kim & Betis (2014) se mencionó que las empresas enfrentan incertidumbre externa en condiciones macroeconómicas, demanda, regulación, legislación, nuevos competidores, costos de energía, etc. Por ejemplo, cuando una empresa enfrenta una decisión de incertidumbre tal como escoger entre dos nuevas alternativas de producción tecnológica, aquí puede usar el efectivo como amortiguador para retardar la decisión hasta que la incertidumbre sea adecuadamente resuelta. Se añadió también que según la naturaleza hay empresas que constantemente enfrenta altos niveles de incertidumbre, en estos términos las empresas mas representativas serían las relacionadas a la innovación rápida como las farmacéuticas, tecnológicas, etc. Además se mencionó que las empresas de investigación y desarrollo pueden tener altos retornos por mantener caja y este efecto es amplificado con el incremento de la incertidumbre. Los saldos ociosos de caja alientan la innovación facilitando los proyectos riesgosos. Los resultados de estos estudios sugirieron que mantener caja en empresas grandes llegan a ser más valiosas como un recurso de estrategia competitiva.

Existen otros estudios como los realizados por Foerster (2014) donde también concluyó que alta incertidumbre durante un período de recuperación ha guiado a una recuperación disminuida. La incertidumbre tiene un efecto asimétrico lo que sugiere que el decrecimiento en incertidumbre no necesariamente compensa los efectos que se tuvo cuando la incertidumbre incrementó. Como se puede ver en la Figura 2 el índice de volatilidad se eleva en recesiones y tiende a bajar durante la recuperación, sin embargo experimenta fluctuaciones cortas.

Las probabilidades son el lenguaje de la incertidumbre

según Salinas (2008):

> La incertidumbre es una consecuencia del conocimiento incompleto del mundo que nos rodea. Si bien en algunos casos la incertidumbre puede ser eliminada parcial o totalmente antes de tomar una decisión, en la mayoría de los casos importantes la información completa simplemente no existe o es muy costosa en términos de tiempo y dinero. A menudo la gente considera que trata adecuadamente a la incertidumbre usando el lenguaje común....Para describir las incertidumbres usan frases como "es muy probable que ocurra", "hay una buena posibilidad", "ocurrirá casi con seguridad", "es posible que ocurra"... la descripción verbal de la incertidumbre tiende a ser ambigua o mal definida, por lo que es necesario tener afirmaciones probabilísticas numéricas para describir la incertidumbre en forma clara y sin ambigüedades. (pp. 75-76)

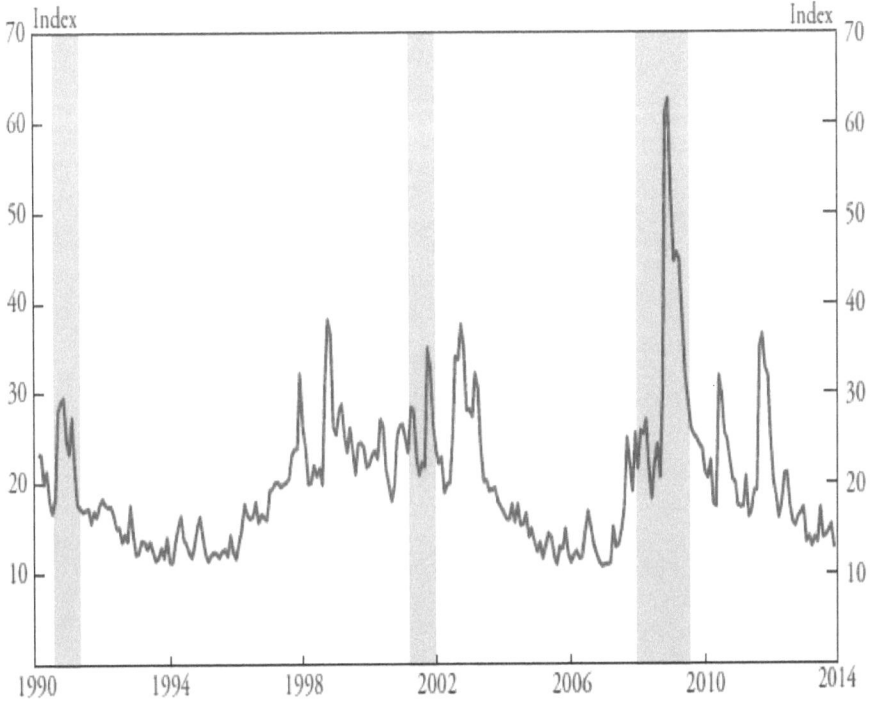

Figura 2. Las barras grises representan las recesiones.

Nota. De Chicago Board Options Exchange

Según Salinas (2008) no hay probabilidades correctas ya que representan el estado de conocimiento del decisor sobre un evento en especial, es decir que las probabilidades representan el criterio y experiencia de una persona y no son una propiedad del evento estudiado. También propuso las reacciones del decisor en un proceso de toma de decisiones si se usa la intuición (ver Figura 3) y en un proceso de toma de decisiones normativo del análisis de decisiones (Figura 4).

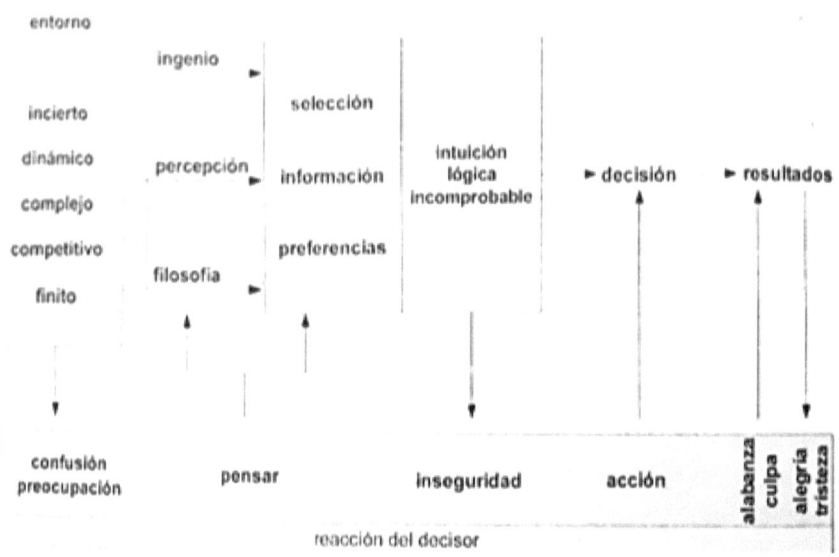

Figura 3. El proceso de toma de decisiones si se usa la intuición

Nota. De "Análisis de Decisiones estratégicas en entornos inciertos, cambiantes y complejos," por José Salinas, 2008.

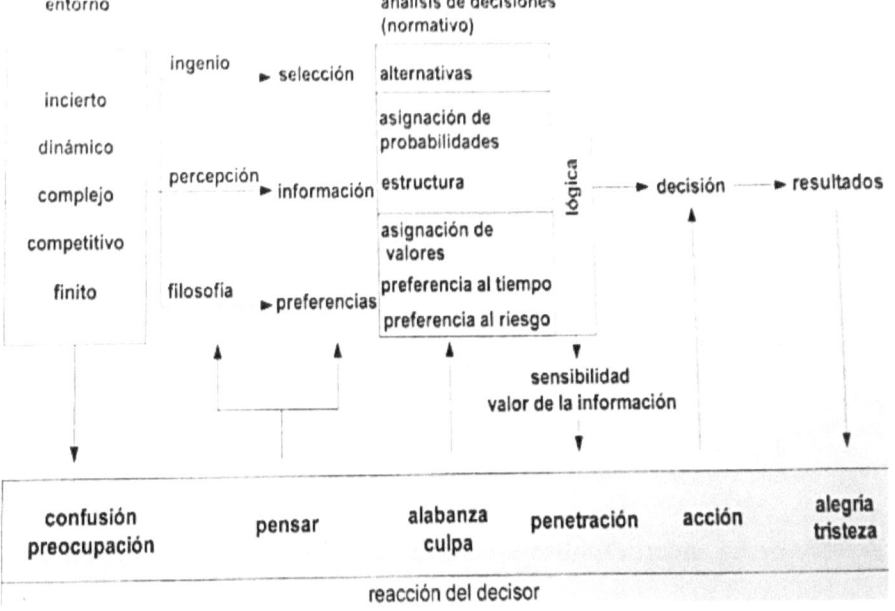

Figura 4. El proceso de toma de decisiones normativo del análisis de decisiones

Nota. De "Análisis de Decisiones estratégicas en entornos inciertos, cambiantes y complejos," por José Salinas, 2008.

Como se puede ver en las figuras, el entorno de incertidumbre siempre posee las mismas características en ambos procesos sin embargo en la parte del análisis de este entorno en la figura 3 no hay dicho análisis metódico de los eventos, es aquí donde el decisor se guía por su intuición, lo contrario sucede en la figura 4 donde si existe un análisis más estructurado, complejo y comprobable.

CONCLUSIONES

La incertidumbre afecta directamente en forma negativa el manejo de caja y la toma de decisiones haciendo que las empresas retengan mas efectivo durante períodos de incertidumbre debido a que estratégicamente le es mas importante a la empresa sobrevivir en entornos negativos y aprovechar oportunidades de inversión atractivas, adicionalmente alienta la innovación y le da una competencia estratégica frente a otros. También se puede añadir que el manejo de caja debe ser equilibrada considerando herramientas probabilísticas que puedan incluir la incertidumbre del presente y el futuro pudiendo el tesorero gestionar sus excedentes de liquidez en inversiones a corto plazo siempre y cuando se puedan exigir en los momentos que la empresa los necesite y tener un sana distribución de dividendos a los accionistas con el fin de mantener una caja saludable con el objetivo de que su empresa sea mas valiosa. Esto es crucialmente importante en los países en vías de desarrollo que son los países más afectados en épocas de recesión.

La incertidumbre también tiene sus efectos negativos en el desarrollo de la economía de los países, debido a que se retrasan la asignación y el uso de los recursos, siendo esta incertidumbre más aguda en los países emergentes y sin poder tener una herramienta de medición exacta en la toma de decisiones debido a la alta volatilidad de estos mercados, sin embargo no se puede descartar estos instrumentos de medición ya que sirven como línea base para evaluaciones más complejas pero sólo se deberían considerar como aproximaciones. Hay que tener en consideración a las empresas que no son diversificadas ya que son las que más caja tienen y por lo tanto mas probabilidades de superar cualquier crisis a diferencia de las diversificadas. Generalmente los bancos quieren mantener las cajas de sus empresas clientes en niveles razonables y no en exceso debido a que son considerados un riesgo porque pueden comenzar a invertir en proyectos riesgosos y conducir a posibles quiebras.

Tener efectivo en caja es una forma de salvaguardar el negocio, se ha visto empresas decir que han generado mucho efectivo pero cuando se ven sus estados financieros se preguntan dónde están y la respuesta es en la mercadería u otra inversión o en la distribución de dividendos, ahora vemos que estas empresas no pueden rotar su mercadería por la pandemia actual y necesitan efectivo o reestructurar sus deudas para superar estos períodos, de la misma forma tener efectivo sirve para aprovechar la crisis de otros como compra de otros negocios en quiebra o acciones que están con precios bajos, estas compras tienen una forma de ingreso implícito que se realizarán cuando se venda en cuanto los precios estén mejor o poner estas inversiones en valor para su venta.

Ahora en estos días hay muchas empresas que han quebrado debido a la falta de dinero por la pandemia, debemos aprender la lección del dinero, tener un dinero bajo el colchón le salvará. Se puede aguantar resultados financieros negativos pero falta de caja nunca. Las empresas que han guardado y mantenido dinero pueden aprovechar la situación de incertidumbre como se mencionó anteriormente comprando acciones cuyo precios estén bajos o empresas que hayan quebrado por valores muy bajos.

La supervivencia de los dueños y accionistas se encuentra en mantener y crear efectivo, el simple hecho de invertirlo o disponer de este aumentaría su riesgo de supervivencia y de ventaja competitiva. Pero claro a más riesgo mas rentabilidad según las finanzas pero no arriesgue la vida de su empresa en nuevos proyectos o inversiones comparta ese riesgo con otros socios o accionistas.

REFERENCIAS

Ashill, N. (2014). The effects of the external environment on marketing decision-maker uncertainty. *Journal of Marketing Management, 30*(3-4), 268-294. doi: 10.1080/0267257X.2013.811281

Besley, S. & Brigham E. (2007). *Fundamentos de administración financiera (14a. Ed.)*. México, DF, México: CENGAGE Learning.

Betis, R. & Kim, Ch. (2014). Cash is surprisingly valuable as a strategic asset. *Strategic management journal. 35*, 2053-2063. doi: 10.1002/smj.2205

Bloom, N. (2014). Fluctuations in Uncertainty. *Journal of economic perspectives. 28*(2), 153-176.

Bravo, S. (2008). *Teoría financiera y costo de capital*. Lima, Perú: Universidad ESAN.

Chittenden, F. & Derregia, M. (2013). Uncertainty, irreversibility and the use of rules of thumb in capital budgeting. *The British Accounting Review. 47*(2015), 225-236. doi:10.1016/j.bar.2013.12.003

Damodaran, A. (2009). *Volatility rules: Valuing Emerging Markets Companies*. Stern School of Business.

Duchin, R. (2010). Cash holdings and corporate diversification. *The Journal of Finance. 65*(3), 955-993.

Edward, J. (2014). Managing the cash flow gap. *The journal corporate accounting & finance, 26*(1), 3-10. doi: 10.1002/jcaf.21997

Foerster, A. (2014). The Asymmetric Effects of Uncertainty. *Federal Reserve Bank Of Kansas City Economic Review, 99*(3), 5-26.

Herrera, G. (2015). El nuevo rol del tesorero corporativo. *Revista Strategia, 8*(34), 57-60.

Herrera, G. (s.f.). Gestionando la liquidez de forma eficiente. *Revista Strategia, 52-55.*

Hsu, W., Huang, Y. & Lai G. (2015). Corporate governance and cash holdings: Evidence from the U.S. property – liability insurance industry. *The journal of risk and insurance. 82*(3), 715-748. doi:10.1111/jori.12049

Keynes, J. (1936). The general theory of employment, interest and money. Hartcourt Brace, London.

Milliken, F. J. (1987). Three types of uncertainty about the environment: State, effect and response uncertainty. *Academy of Management Review, 12*, 133–143. doi: 10.5465/AMR.1987.4306502

Ross, S., Westerfield, R. & Jaffe, J. (2012). Finanzas Corporativas. (9na Ed.) México: Mc Graw Hill.

Salinas, J. (2008). *Análisis de decisiones estratégicas en entornos inciertos, cambiantes y complejos (1a. Ed.)*. Buenos Aires, Argentina: CENGAGE Learning.

ACERCA DEL AUTOR

 Alex Fernández (1977) nació y creció en Lima - Perú y vivió en Inglaterra durante dos años, estudió contabilidad y MBA en Maastricht en Holanda y Centrum Católica en Perú y tiene una Maestría en Finanzas Corporativas en EADA de Barcelona junto con CENTRUM Católica. Es autor de muchos ensayos y ha trabajado como controlador financiero y Director Financiero en muchas compañías internacionales y locales. Experto en proyectos de implementación de áreas estratégicas con enfoque en desarrollo de negocios, planificación fiscal, dirección financiera y desarrollos estratégicos, KPIs y todo tipo de soluciones para las empresas. Gestión de equipos en diferentes países. Reporta a Directores y gerentes internacionales. Contador Público Certificado y Asesor Financiero. Durante muchos años ha enseñado en diferentes universidades. Como afición, le gusta investigar diferentes temas, leer y escribir, jugar baloncesto y meditar.